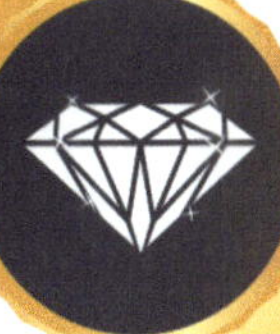

DMC Kleuren kaart Boek Voor Diamond Painting

Het Volledige Tabel 2019

2de EDITIE

http://www.diamondpainting911.com
https://www.facebook.com/diamondpainting911

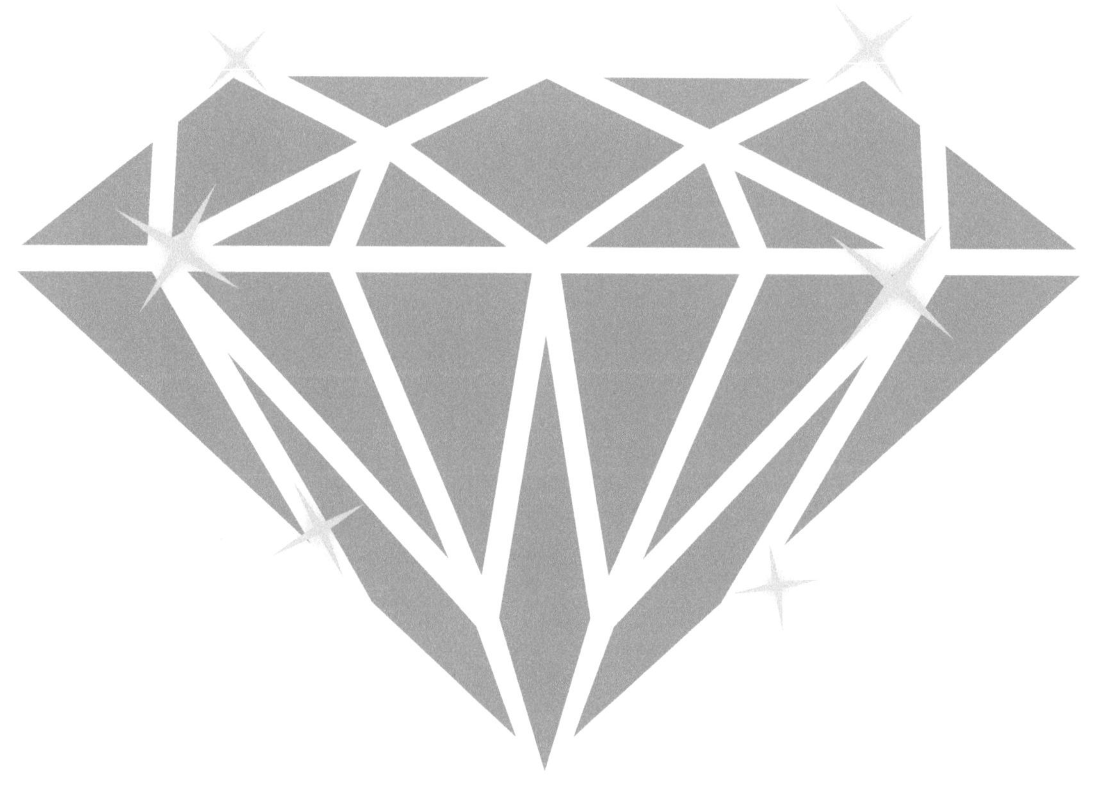

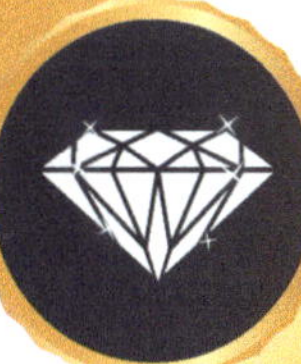

Vandaag laat ik u de TWEEDE VERSIE van onze ENORM effectieve DMC Kleuren kaart Overzicht voor 2019 zien.

Sterker nog, ik heb recentelijk dit exacte boek gebruikt om DMC codes toe te kennen aan een partij steentjes zonder label.

Misschien weet u al dat DMC meer dan 450 verschillende kleuren gebruikt …

Maar welke kleuren zijn dat?

Een aantal kleuren verschillend duidelijk van elkaar.

En andere lijken juist enorm op elkaar.

Deze zijn soms moeilijk van elkaar te onderscheiden.

Maar hier vind u ze allemaal.

Nou, u heeft geluk! Omdat ik in dit boek een volledige lijst heb samengesteld!

Ik heb dit boek onlangs bijgewerkt naar deze tweede versie en u heeft nu 4 verschillende kaarten:

- Kaart #1: DA VINCI Kaart
- Kaart #2: WARHOL Kaart
- Kaart #3: VAN GOGH Kaart
- Kaart #4: PICASSO Kaart

En het mooiste is dat iedereen kaart een speciale kolom heeft om steentjes naast iedere kleur te kunnen plakken

U kunt deze kaarten bijvoorbeeld gebruiken voor...

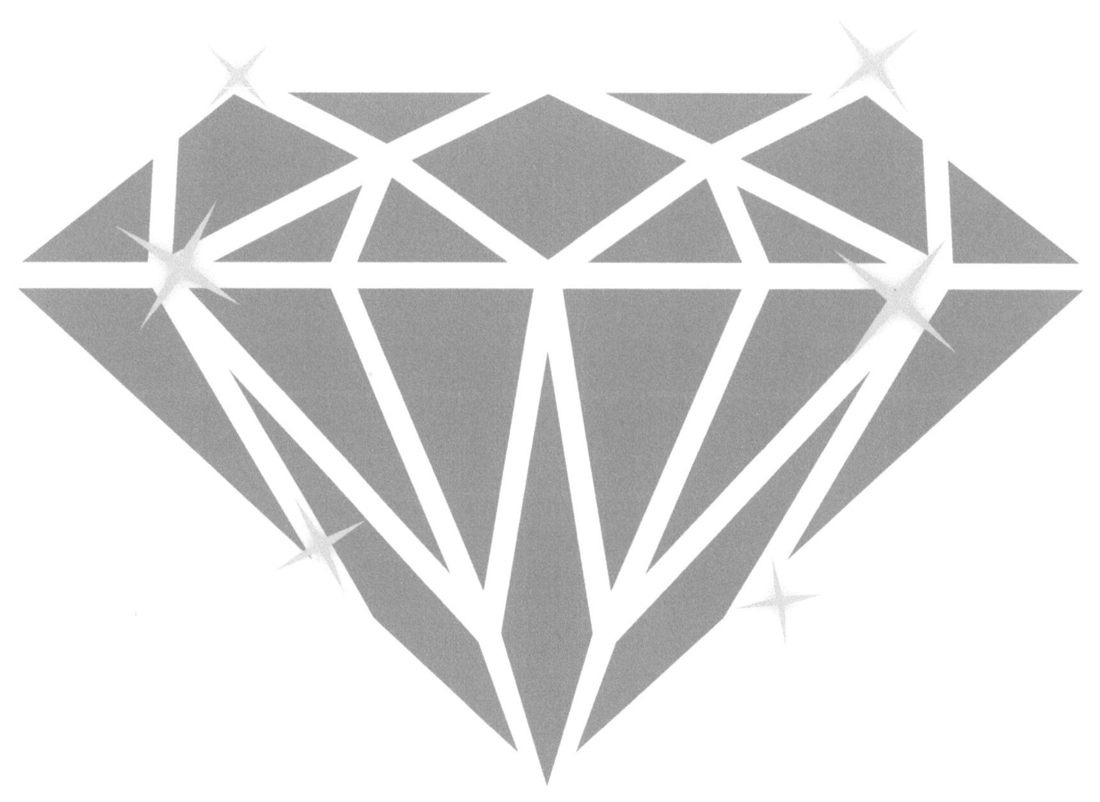

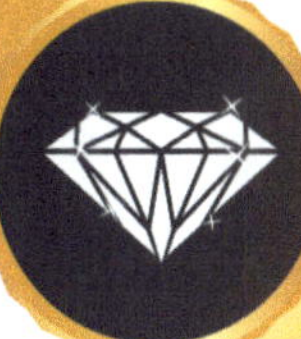

Deze kaarten kunnen worden gebruikt voor:

#1: Steentjes zonder een DMC nummer

Heeft u wel eens zakjes vol met stenen gehad die geen DMC nummer hadden? Verschillende zakjes met verschillende kunnen behoorlijk lastig zijn om te labelen. De derde kaart helpt u hierbij.

#2: Steentjes met een onbekend DMC nummer

Heeft u steentjes waar u het nummer niet van weet? De vierde kaart helpt u het DMC nummer in recordtempo te achterhalen!

#3: Diamond painting set zonder steentjes

Als u uw set zonder steentjes ontvangt dan kunt u de set afronden met uw eigen reserves met de legenda en eerste kaart om te exacte kleur te achterhalen. U kunt hier ook de tweede kaart gebruiken aangezien het alle kaarten in één weergeeft waardoor u een beter visueel overzicht heeft.

#4: Diamond painting kit set met vervangen steentjes

Ik heb recentelijk een aantal Diamond Paintings ontvangen waar de verkoper de steentjes heeft vervangen. Ik was benieuwd om te zien in hoeverre de kleur en verschillende tinten overeenkwamen en of ik nog op zoek moest naar de juiste DMC tint. U kunt de kaart als referentiemateriaal gebruiken om ervoor te zorgen dat vervangingen echt kloppen voordat u contact opneemt met de verkoper of vervangende steentjes koopt.

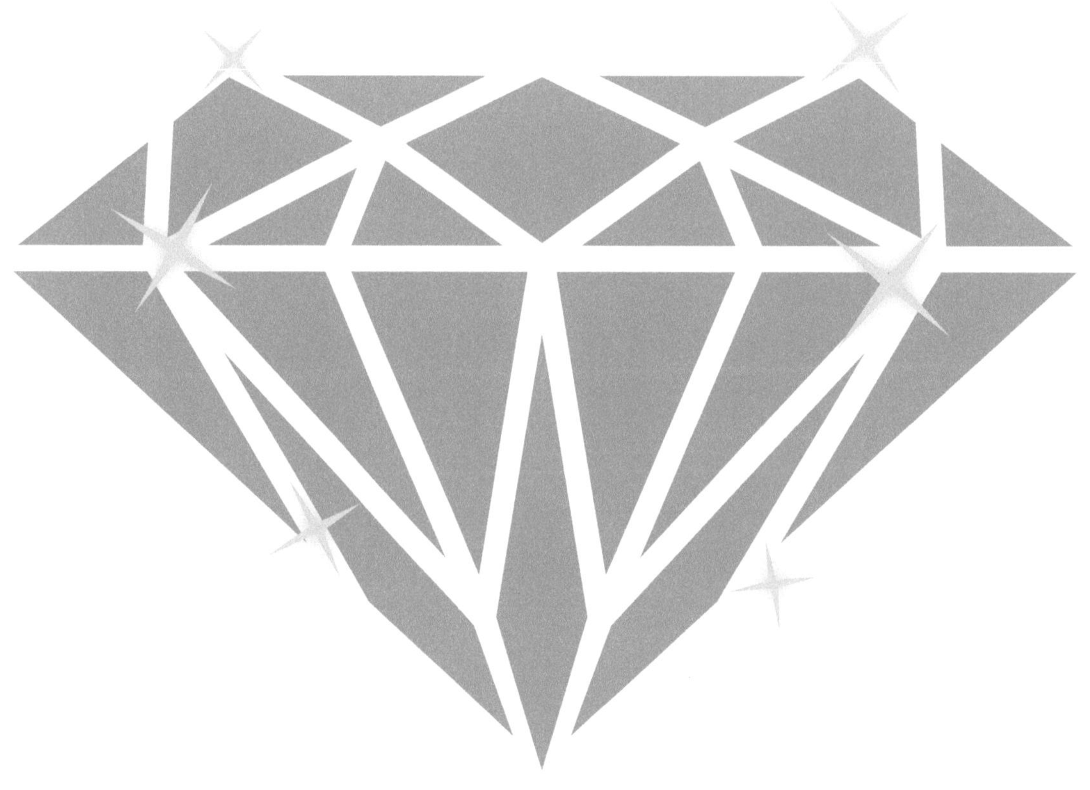

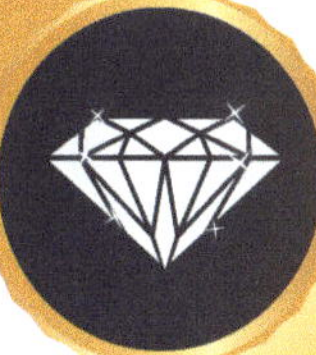

#5: Steentjes waarvan u de tint niet mooi vindt

Misschien vindt u een bepaalde tint in een Diamond Painting niet mooi en wilt u steentjes vervangen om deze apart aan te schaffen. Deze kaarten kunnen hierbij helpen.

#6: Verschillende varianten DMC met dezelfde codes tussen verkopers

Niet alle steentjes zijn hetzelfde! Steentjes zijn vaak verschillend, ondanks het feit dat ze dezelfde DMC codes hebben. U kunt onze kaarten gebruiken om uw benodigdheden te standaardiseren.

#7: Een aantrekkelijke visuele weergave

De kaarten zijn ook nog eens buitengewoon aantrekkelijk. Een visueel verbluffend spectrum van kleuren die elke werkruimte opvrolijken.

Daar heeft u het dan: Het 2019 DMC Kleurenkaart Boek. Voor welke tip uit dit boek gaat u het overzicht gebruiken?

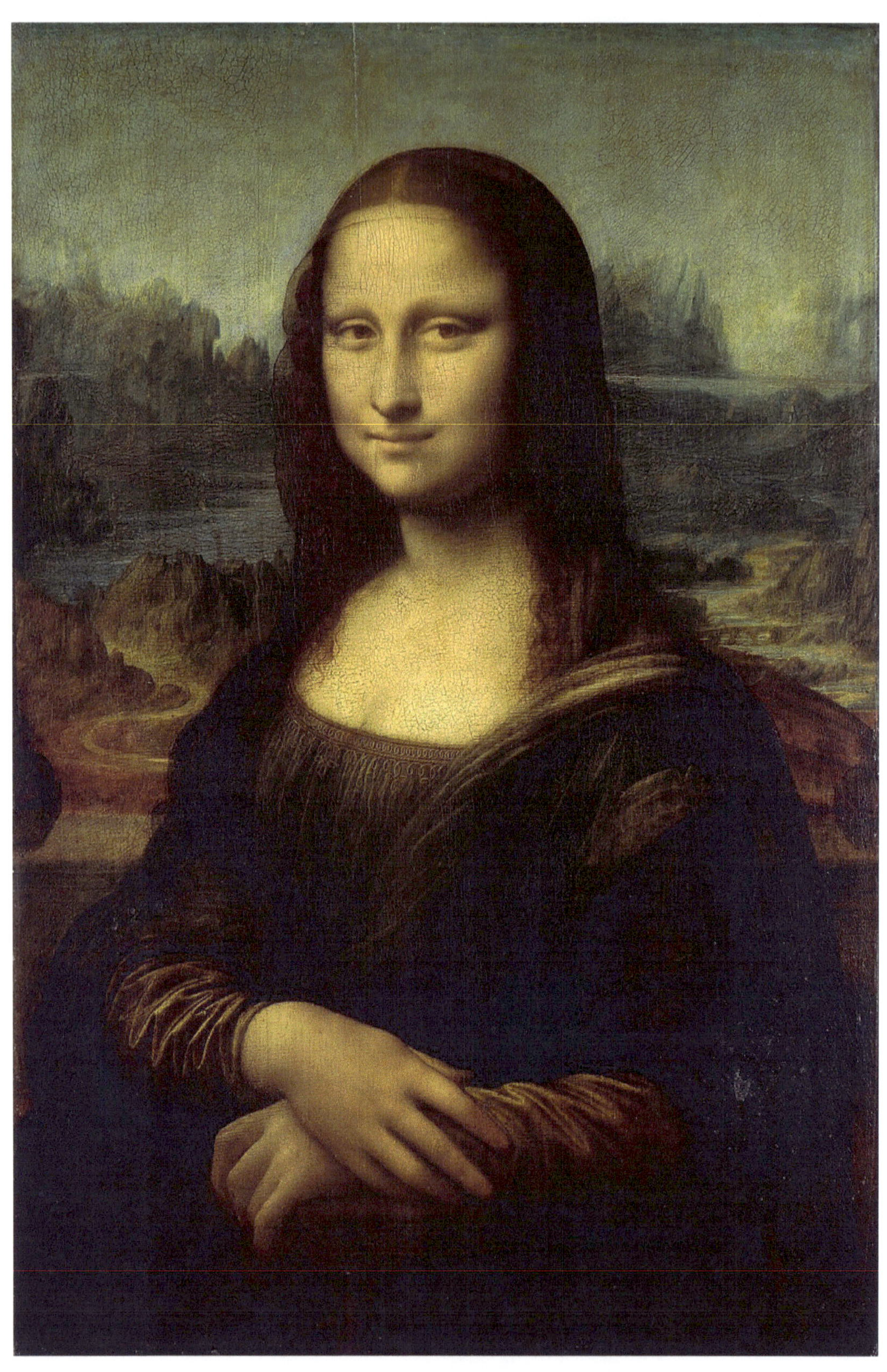

Kaart #1: DA VINCI Kaart

DMC	Kleur	Steentjes	namen
Ecru			Ecru/gebroken wit
Blanc			Wit
B5200			Sneeuwwit
White			Wit
150			Rood - FEL
151			Roze
152			Oranjebruin - DONKER
153			Lila
154			Rood - ERG DONKER
155			Vergeet-me-niet Blauw
156			Blauw - MEDIUM
157			Blauw - LICHT
158			Blauw - DONKER
159			Petroleumblauw - LICHT
160			Petroleumblauw - MEDIUM
161			Petroleumblauw - DONKER
162			Babyblauw - LICHT
163			Groen
164			Groen - LICHT
165			Groen - FEL
166			Limoengroen
167			Khakibruin
168			Zilvergrijs
169			Tingrijs
208			Lavendel - ERG DONKER
209			Lavendel - DONKER
210			Lavendel - MEDIUM
211			Lavendel - LICHT
221			Lichtroze - ERG DONKER
223			Lichtroze - LICHT
224			Lichtroze - ERG LICHT
225			Lichtroze - ULTRA LICHT
300			Mahoniebruin - ERG DONKER
301			Mahoniebruin - MEDIUM
304			Rood - MEDIUM
307			Limoen
309			Roze - DONKER
310			Zwart
311			Blauw - MEDIUM
312			Babyblauw - ERG DONKER
315			Rustiek Lichtpaars - MEDIUM DONKER
316			Rustiek Lichtpaars - MEDIUM
317			Tingrijs
318			Staalgrijs - LICHT
319			Pistachegroen - ERG DONKER
320			Pistachegroen - MEDIUM
321			Rood
322			Babyblauw
326			Roze - ERG DONKER
327			Violet
333			Violetblauw- ERG DONKER
334			Babyblauw - MEDIUM
335			Roze
336			Blauw
340			Violetblauw - MEDIUM
341			Violetblauw - LICHT
347			Zalm - ERG DONKER
349			Koraal - DONKER
350			Koraal - MEDIUM
351			Koraal
352			Koraal - LICHT
353			Perzik
355			Terra Cotta - DONKER
356			Terra Cotta - MEDIUM
367			Pistachegroen - DONKER
368			Pistachegroen - LICHT
369			Pistachegroen - ERG DONKER
370			Mosterd - MEDIUM
371			Mosterd
372			Mosterd - LICHT
400			Mahoniebruin - DONKER
402			Mahoniebruin - ERG DONKER
407			Beigerood - DONKER
413			Tingrijs - DONKER
414			Staalgrijs - DONKER
415			Parelgrijs
420			Hazelnootbruin - DONKER
422			Hazelnootbruin - LICHT
433			Bruin - MEDIUM
434			Bruin - LICHT
435			Bruin - ERG LICHT
436			Lichtbruin
437			Geelbruin - LICHT
444			Citroen - DONKER
445			Citroen - LICHT
451			Schelp Grijs - DONKER
452			Schelp Grijs - MEDIUM
453			Schelp Grijs - LICHT
469			Avocadogroen
470			Avocadogroen - LICHT
471			Avocadogroen - ERG LICHT
472			Avocadogroen - ULTRA LICHT

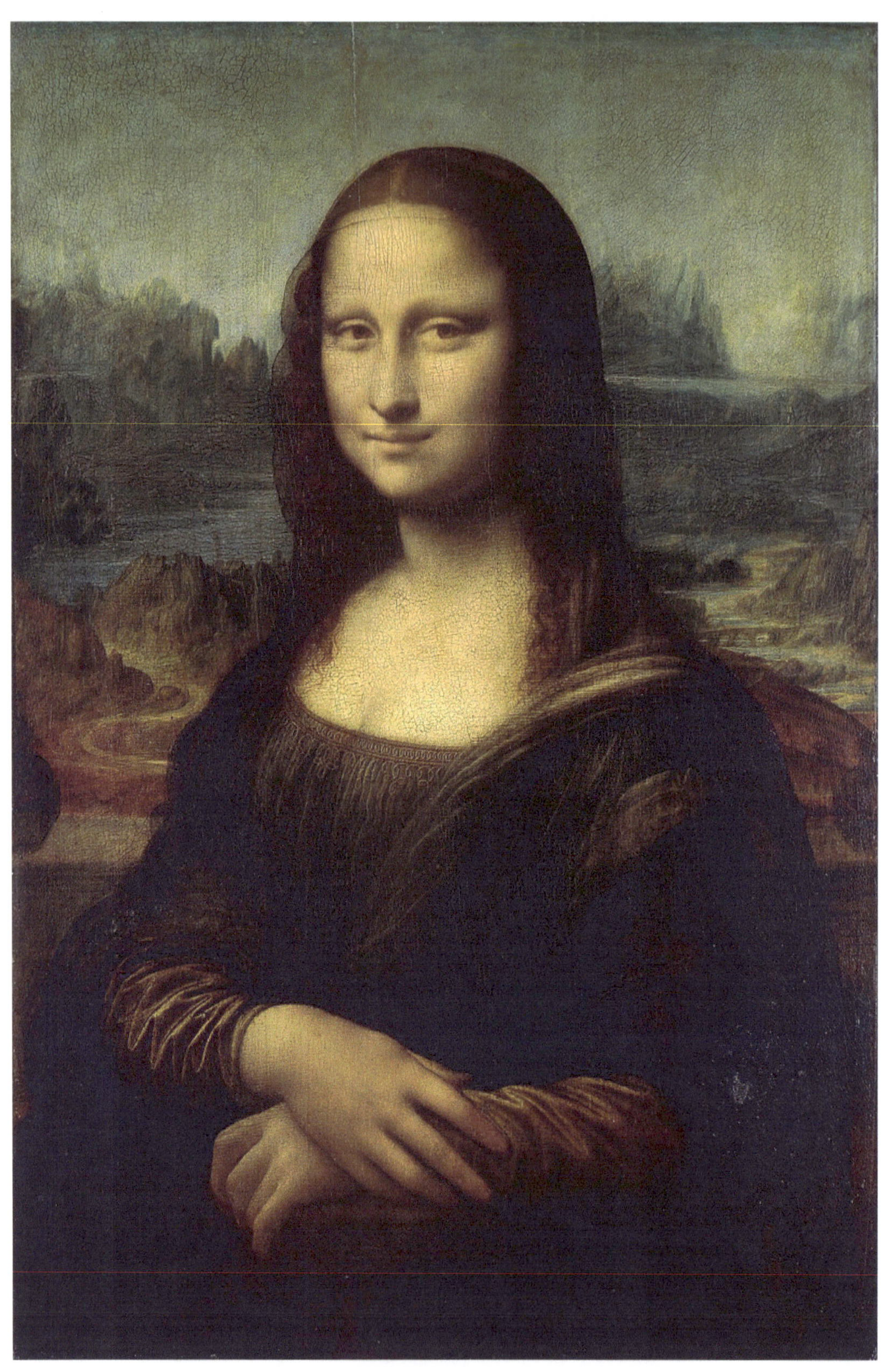

Kaart #1: DA VINCI Kaart

DMC	Kleur	Steentjes	namen	DMC	Kleur	Steentjes	namen
498			Rood - DONKER	647			Bevergrijs - MEDIUM
500			Blauwgroen - ERG DONKER	648			Bevergrijs - LICHT
501			Blauwgroen DONKER	666			Rood - FEL
502			Blauwgroen	676			Oudgoud - LICHT
503			Blauwgroen - MEDIUM	677			Oudgoud - ERG LICHT
504			Blauwgroen - ERG LICHT	680			Oudgoud - DONKER
505			Grasgroen - DONKER	699			Groen
517			Wedgewood - DONKER	700			Groen - FEL
518			Wedgewood - LICHT	701			Groen - LICHT
519			Hemelsblauw	702			Dennengroen
520			Varengroen - DONKER	703			Chartreuse Groen
522			Varengroen	704			Chartreuse Groen - FEL
523			Varengroen - LICHT	712			Crème
524			Varengroen - ERG LICHT	718			Pruim
535			Asgrijs - ERG LICHT	720			Oranjewijn - DONKER
543			Beigebruin - ULTRA LICHT	721			Oranjewijn - MEDIUM
550			Violet - ERG DONKER	722			Oranjewijn - LICHT
552			Violet - MEDIUM	725			Topaas
553			Violet	726			Topaas - LICHT
554			Violet - LICHT	727			Topaas - ERG LICHT
561			Jade groen - ERG DONKER	728			Goudgeel
562			Jade groen - LICHT	729			Oudgoud - MEDIUM
563			Jade groen - LICHT	730			Olijfgroen - ERG DONKER
564			Jade groen - ERG LICHT	731			Olijfgroen - DONKER
580			Mosgroen - DONKER	732			Olijfgroen
581			Mosgroen	733			Olijfgroen - MEDIUM
597			Turquoise	734			Olijfgroen - LICHT
598			Turquoie - LICHT	738			Geelbruin - ERG LICHT
600			Veenbes - ERG DONKER	739			Geelbruin - ULTRA LICHT
601			Veenbes - DONKER	740			Oranje
602			Veenbes - MEDIUM	741			Oranje - MEDIUM
603			Veenbes	742			Oranje - LICHT
604			Veenbes - LICHHT	743			Geel - MEDIUM
605			Veenbes - ERG LICHT	744			Geel - VERBLEEKT
606			Oranjerood - FEL	745			Geel - LICHT VERBLEEKT
608			Oranje - FEL	746			Gebroken wit
610			Grauwbruin - DONKER	747			Hemelsblauw - ERG LICHT
611			Grauwbruin	754			Perzik - LICHT
612			Grauwbruin -LICHT	758			Terra Cotta - ERG LICHT
613			Grauwbruin -ERG LICHT	760			Zalm
632			Beigerood - ULTRA DONKER	761			Zalm - LICHT
640			Beigegrijs - ERG DONKER	762			Parelgrijs - ERG LICHT
642			Beigegrijs - DONKER	772			Geel-groen - ERG LICHT
644			Beigegrijs - MEDIUM	775			Babyblauw - ERG LICHT
645			Bevergrijs - ERG DONKER	776			Roze - MEDIUM
646			Bevergrijs - DONKER	777			Rood - DIEP

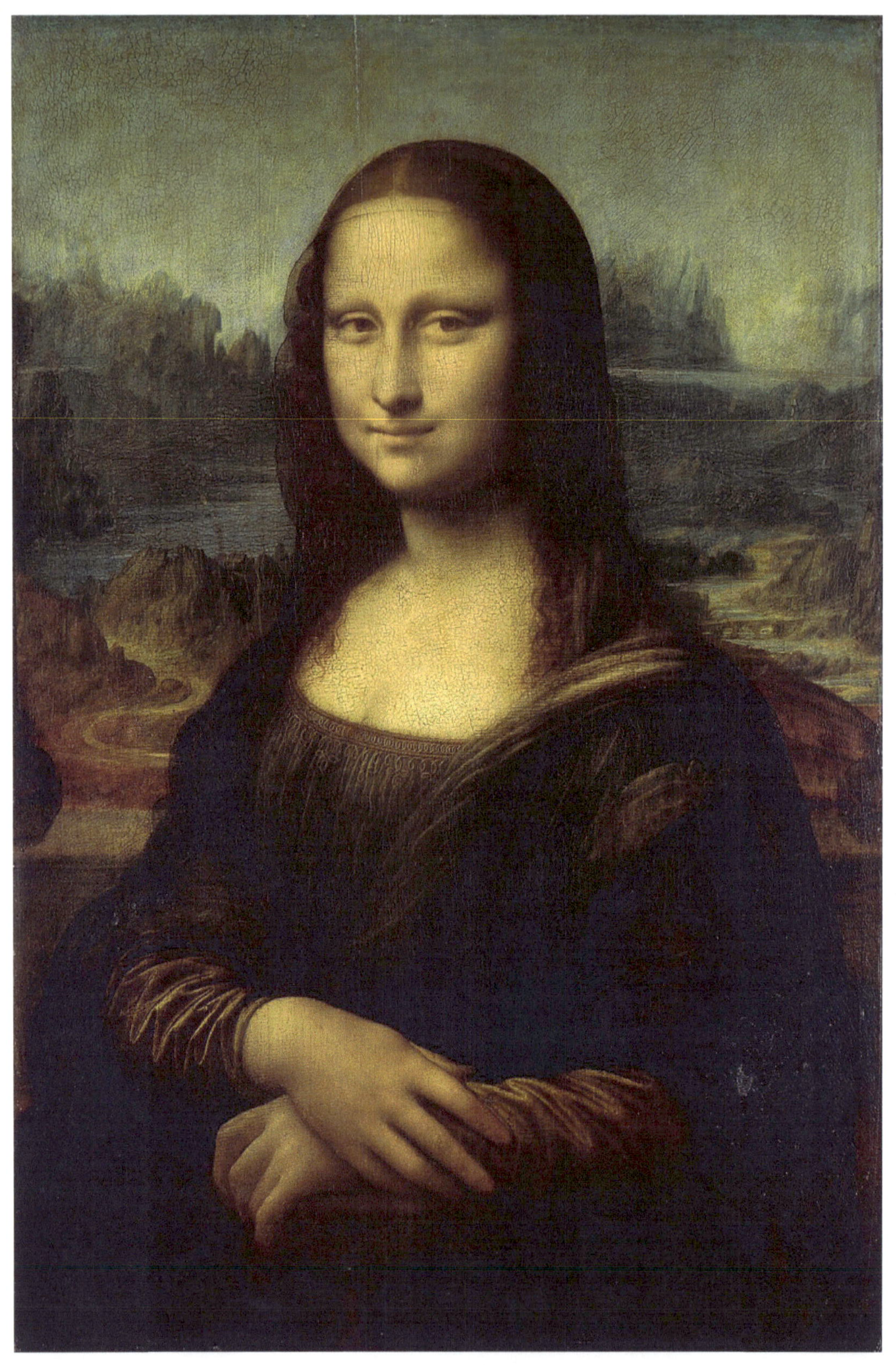

Kaart #1: DA VINCI Kaart

DMC	Kleur	Steentjes	namen
778			Antique Mauve - ERG LICHT
779			Bruin
780			Topaas - ULTRA LICHT
781			Topaas - ERG DONKER
782			Topaas - DONKER
783			Topaas - MEDIUM
791			Korenbloemblauw - ERG DONKER
792			Korenbloemblauw - DONKER
793			Korenbloemblauw - MEDIUM
794			Korenbloemblauw - LICHT
796			Koningsblauw - DONKER
797			Koningsblauw
798			Delftsblauw - DONKER
799			Delftsblauw - MEDIUM
800			Delftsblauw - VERBLEEKT
801			Koffiebruin – DONKER
803			Blauw – DIEP
806			Pauwblauw - DONKER
807			Pauwblauw
809			Delftsblauw
813			Blauw - LICHT
814			Granaat - DONKER
815			Granaat - MEDIUM
816			Granaat
817			Koraalrood - ERG DONKER
818			Babyroze
819			Babyrose - LICHT
820			Koningsblauw - ERG DONKER
822			Grijsbeige - LICHT
823			Blauw - DONKER
824			Blauw - ERG DONKER
825			Blauw - DONKER
826			Blauw - MEDIUM
827			Blauw - ERG LICHT
828			Blauw - ULTRA LICHT
829			Olijfgoud - ERG DONKER
830			Olijfgoud - DONKER
831			Olijfgoud - MEDIUM
832			Olijfgoud
833			Olijfgoud - LICHT
834			Olijfgoud - ERG LICHT
838			Beigebruin - ERG DONKER
839			Beigebruin - DONKER
840			Beigbruin - MEDIUM
841			Beigebruin - LICHT
842			Beigebruin - ERG LICHT
844			Bevergrijs - ULTRA DONKER
868			Hazelnootbruin
869			Hazelnootbruin - ERG DONKER
890			Pistachegroen - ULTRA DONKER
891			Anjer - DONKER
892			Anjer - MEDIUM
893			Anjer - LICHT
894			Anjer - ERG LICHT
895			Jagersgroen - ERG DONKER
898			Koffiebruin - ERG DONKER
899			Roze - MEDIUM
900			Gebrand oranje - DONKER
902			Granaat - ERG DONKER
904			Papagaai Groen - ERG DONKER
905			Papagaai Groen - DONKER
906			Papagaai Groen - MEDIUM
907			Pagagaaigroen - LICHT
909			Smaragdgroen - ERG DONKER
910			Smaragdgroen - DONKER
911			Smaragdgroen - MEDIUM
912			Smaragdgroen - LICHT
913			Nijlgroen - MEDIUM
915			Pluim - DONKER
917			Pluim - MEDIUM
918			Koperrood - DONKER
919			Koperrood
920			Koper - MEDIUM
921			Koper
922			Koper - LICHT
924			Grijsgroen - ERG DONKER
926			Grijsgroen - MEDIUM
927			Grijsgroen - MEDIUM
928			Grijsgroen - ERG LICHT
930			Antique Blauw - DONKER
931			Antique Blauw - MEDIUM
932			Antique Blauw - LICHT
934			Avocadogroen - ZWART
935			Avocadogroen - DONKER
936			Avocadogroen - ERG DONKER
937			Avocadogroen - MEDIUM
938			Koffiebruin - ULTRA DONKER
939			Blauw - ERG DONKER
943			Aquablauw - MEDIUM
945			Bruinachtig
946			Gebrand oranje - MEDIUM
947			Gebrand oranje

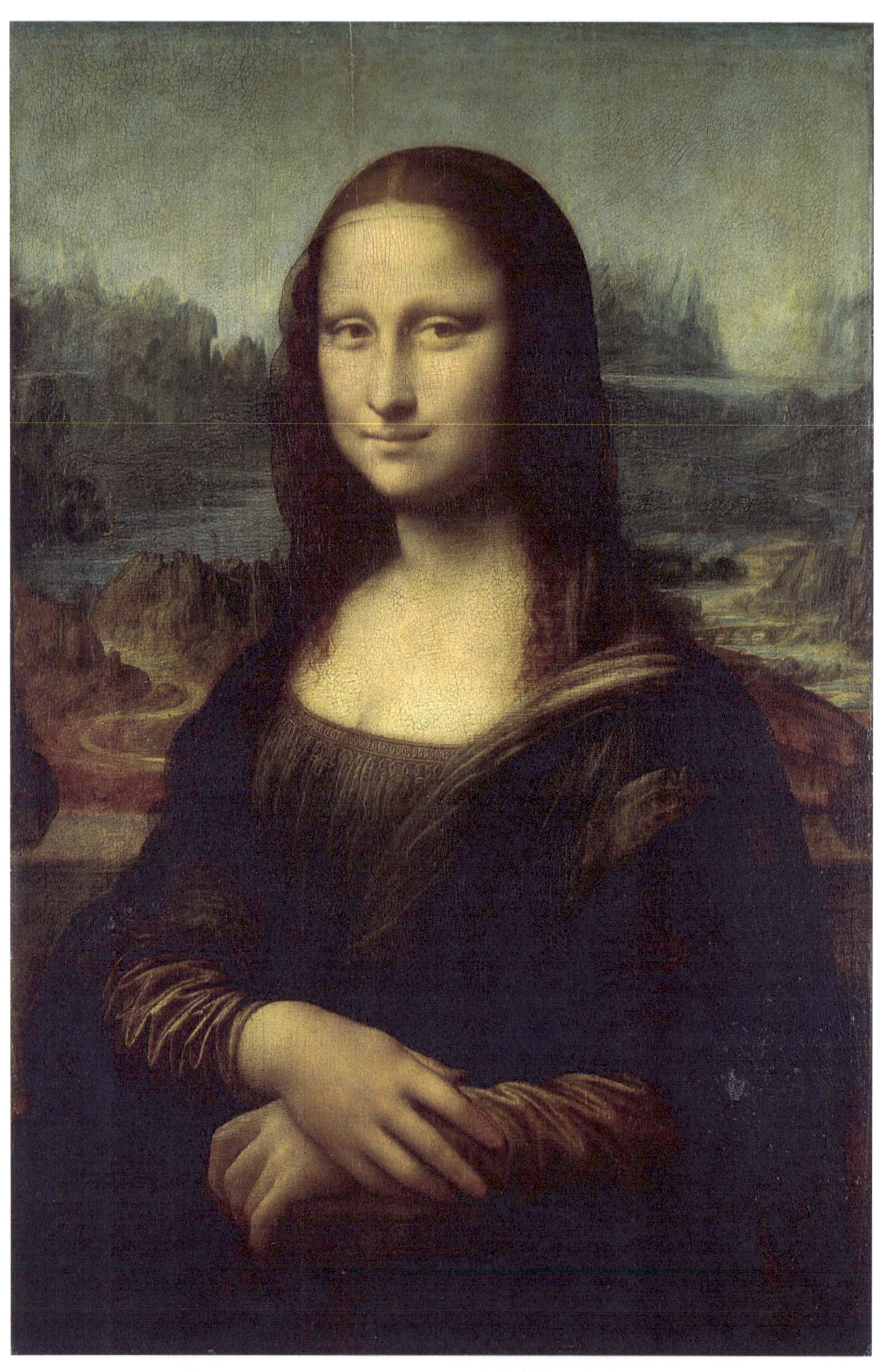

Kaart #1: DA VINCI Kaart

DA VINCI Kaart - 04

DMC	Kleur	Steentjes	namen
948			Perzik - ERG LICHT
950			Beigerood - LICHT
951			Bruinachtig
954			Nijlgroen
955			Nijlgroen - LICHT
956			Geranium
957			Geranium - VERBLEEKT
958			Zeegroen - DONKER
959			Zeegroen - MEDIUM
961			Stoffig Roze - DONKER
962			Stoffig Roze - MEDIUM
963			Stoffig Roze - ULTRA DONKER
964			Zeegroen - LICHT
966			Babygroen - MEDIUM
967			Perzik - LICHT
970			Pompoen - LICHT
971			Pompoen
972			Kanariegeel - DIEP
973			Kanariegeel - FEL
975			Goudbruin - DONKER
976			Goudbruin - MEDIUM
977			Goudbruin - LICHT
986			Bosgroen - ERG DONKER
987			Bosgroen - DONKER
988			Bosgroen - MEDIUM
989			Bosgroen
991			Aquamarijn - DONKER
992			Aquamarijn - LICHT
993			Aquamarijn - ERG LICHT
995			Elektrisch Blauw - DONKER
996			Elektrisch Blauw - MEDIUM
3011			Khakigroen - DONKER
3012			Khakigroen - MEDIUM
3013			Khakigroen - LICHT
3021			Bruingrijs - ERG DONKER
3022			Bruingrijs - MEDIUM
3023			Bruingrijs - LICHT
3024			Bruingrijs - ERG LICHT
3031			Mokkabruin - ERG DONKER
3032			Mokkabruin - MEDIUM
3033			Mokkabruin - ERG LICHT
3041			Antique Violet - MEDIUM
3042			Antique Violet - LICHT
3045			Geelbeige - DONKER
3046			Geelbeige - MEDIUM

DMC	Kleur	Steentjes	namen
3047			Geelbeige - LICHT
3051			Groengrijs - DONKER
3052			Groengrijs - MEDIUM
3053			Groengrijs
3064			Beigerood
3072			Bevergrijs - ERG LICHHT
3078			Goudgeel - ERG LICHT
3325			Babyblauw - LICHT
3326			Roze - LICHT
3328			Zalm - DONKER
3340			Abrikoos - MEDIUM
3341			Abrikoos
3345			Jagersgroen - ERG DONKER
3346			Jagersgroen
3347			Geelgroen - MEDIUM
3348			Geelgroen - LICHT
3350			Stoffig Roze - ULTRA DONKER
3354			Stoffig Roze - LICHT
3362			Pijngroen - DONKER
3363			Pijngroen - MEDIUM
3364			Pijngroen
3371			Zwartbruin
3607			Pluim - LICHT
3608			Pluim - ERG LICHT
3609			Pluim - ULTRA LICHT
3685			Mauve - ERG DONKER
3687			Mauve
3688			Mauve - MEDIUM
3689			Mauve - LICHT
3705			Meloen - DONKER
3706			Meloen - MEDIUM
3708			Meloen - LICHT
3712			Zalm - MEDIUM
3713			Zalm - ERG LICHT
3716			Stoffig Roze - ERG LICHT
3721			Lichtroze - DONKER
3722			Lichtroze - MEDIUM
3726			Antique Mauve - DONKER
3727			Antique Mauve - LICHT
3731			Stoffig Roze - ERG DONKER
3733			Stoffig Roze
3740			Antique Violet - DONKER
3743			Antique Violet - ERG LICHT
3746			Zwartbruin
3747			Blauwviolet - ERG LICHT

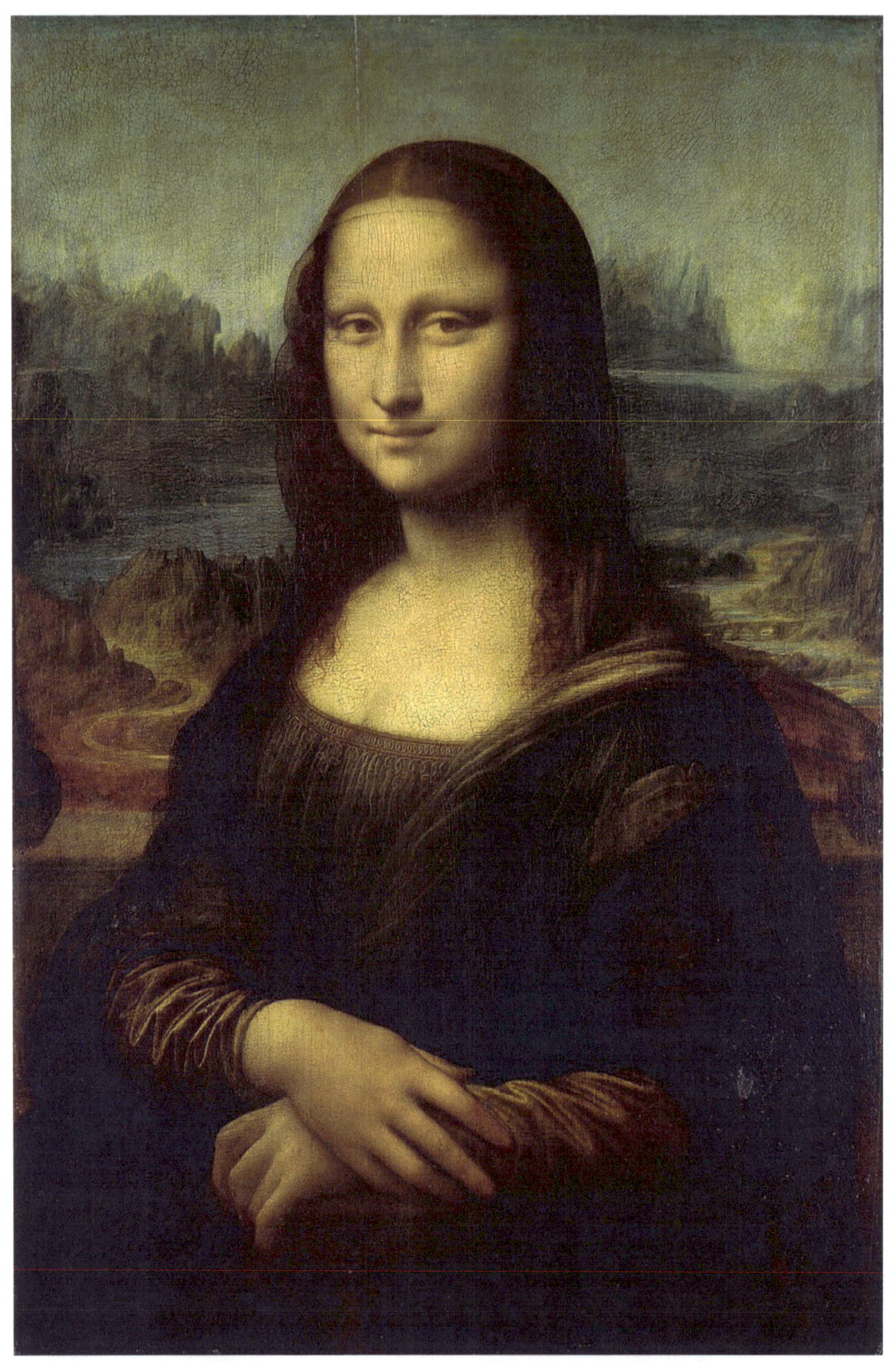

Kaart #1: DA VINCI Kaart

DMC	Kleur	Steentjes	namen
3750			Antique Blauw - ERG DONKER
3752			Antique Blauw - ERG DONKER
3753			Antique Blauw - ULTRA LICHT
3755			Babyblauw (?)
3756			Babyblauw
3760			Wedgewood - MEDIUM
3761			Hemelsblauw - LICHT
3765			Pauwblauw - ERG DONKER
3766			Pauwblauw - LICHT
3768			Grijsgroen - DONKER
3770			Bruinachtig - ERG LICHT
3771			Perzik - DONKER
3772			Beigerood - ERG DONKER
3773			Beigerood - MEDIUM
3774			Beigerood - ERG LICHT
3776			Mahoniebruin - LICHT
3777			Terra Cotta - ERG DONKER
3778			Terra Cotta - LICHT
3779			Terra Cotta - ULTRA LICHT
3781			Mokkabruin - DONKER
3782			Mokkabruin - LICHT
3787			Bruingrijs - DONKER
3790			Beigegrijs - ULTRA DONKER
3799			Tingrijs - ERG DONKER
3801			Meloen - ERG DONKER
3802			Antique Mauve - ERG DONKER
3803			Mauve - DONKER
3804			Cyclaamroze - DONKER
3805			Cyclaamroze
3806			Cyclaamroze - LICHT
3807			Korenbloemblauw
3808			Turquoise - ULTRA DONKER
3809			Turquoise - ERG DONKER
3810			Turquolse - DONKER
3811			Turquoise - ERG LICHT
3812			Zeegroen - ERG DONKER
3813			Blauwgroen - LICHT
3814			Aquamarijn
3815			Bleekgroen - DONKER
3816			Bleekgroen
3817			Bleekgroen - LICHT
3818			Smaragdgroen - ULTRA DONKER
3819			Mosgroen - LICHT
3820			Rietgroen - DONKER
3821			Rietgroen

DMC	Kleur	Steentjes	namen
3822			Rietgroen - LICHT
3823			Geel - ULTRA VERBLEEKT
3824			Abrikoos - LICHT
3825			Pompoen - VERBLEEKT
3826			Goudbruin
3827			Goudbruin - VERBLEEKT
3828			Hazelnootbruin
3829			Oudgoud - ERG DONKER
3830			Terra Cotta
3831			Framboos - DONKER
3832			Framboos - MEDIUM
3833			Framboos - LICHT
3834			Druif - DONOKER
3835			Druif - MEDIUM
3836			Druif - LICHT
3837			Lavendelblauw - ULTRA DONKER
3838			Lavendelblauw - ULTRA DONKER
3839			Lavendelblauw - MEDIUM
3840			Lavendelblauw - LICHT
3841			Babyblauw - VERBLEEKT
3842			Wedgewood - DONKER
3843			Elektrisch Blauw
3844			Fel Turquoise - DONKER
3845			Fel Turquoise - MEDIUM
3846			Fel Turquoise - LICHT
3847			Groenblauw - DONKER
3848			Groenblauw - MEDIUM
3849			Groenblauw - LICHT
3850			Felgroen - DONKER
3851			Felgroen - LICHT
3852			Rietgroen - ERG DONKER
3853			Herfstgoud - DONKER
3854			Herfstgoud - MEDIUM
3855			Herfstgoud - LICHT
3856			Mahoniebruin - ULTRA LICHT
3857			Rozenhout - DONKER
3858			Rozenhout - MEDIUM
3859			Rozenhout - LICHT
3860			Chocoladebruin
3861			Chocoladebruin - LICHT
3862			Mokkabeige - DONKER
3863			Mokkabeige - MEDIUM
3864			Mokkabruin - LICHT
3865			Winterswit
3866			Mokkabruin - ULTRA LICHT

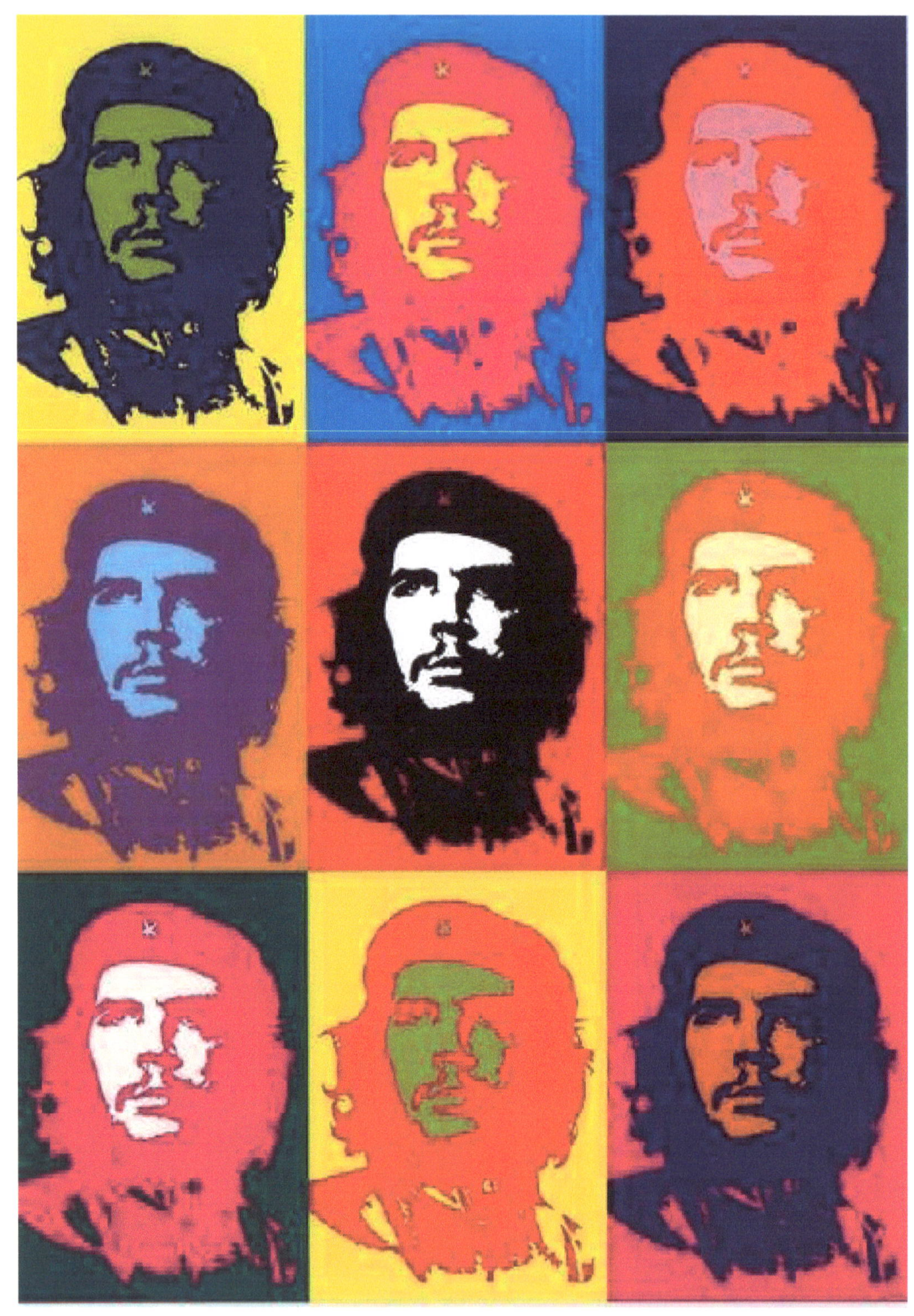

Kaart #2: WARHOL Kaart

WARHOL Kaart

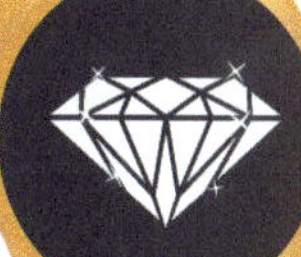

DMC	Color	Drill	DMC	Color	Drill	DMC	Color	Drill	DMC	Color	Drill	DMC	Color	Drill	DMC	Color	Drill
Ecru			420			720			841			993			3774		
Blanc			422			721			842			995			3776		
B5200			433			722			844			996			3777		
White			434			725			868			3011			3778		
150			435			726			869			3012			3779		
151			436			727			890			3013			3781		
152			437			728			891			3021			3782		
153			444			729			892			3022			3787		
154			445			730			893			3023			3790		
155			451			731			894			3024			3799		
156			452			732			895			3031			3801		
157			453			733			898			3032			3802		
158			469			734			899			3033			3803		
159			470			738			900			3041			3804		
160			471			739			902			3042			3805		
161			472			740			904			3045			3806		
162			498			741			905			3046			3807		
163			500			742			906			3047			3808		
164			501			743			907			3051			3809		
165			502			744			909			3052			3810		
166			503			745			910			3053			3811		
167			504			746			911			3064			3812		
168			505			747			912			3072			3813		
169			517			754			913			3078			3814		
208			518			758			915			3325			3815		
209			519			760			917			3326			3816		
210			520			761			918			3328			3817		
211			522			762			919			3340			3818		
221			523			772			920			3341			3819		
223			524			775			921			3345			3820		
224			535			776			922			3346			3821		
225			543			777			924			3347			3822		
300			550			778			926			3348			3823		
301			552			779			927			3350			3824		
304			553			780			928			3354			3825		
307			554			781			930			3362			3826		
309			561			782			931			3363			3827		
310			562			783			932			3364			3828		
311			563			791			934			3371			3829		
312			564			792			935			3607			3830		
315			580			793			936			3608			3831		
316			581			794			937			3609			3832		
317			597			796			938			3685			3833		
318			598			797			939			3687			3834		
319			600			798			943			3688			3835		
320			601			799			945			3689			3836		
321			602			800			946			3705			3837		
322			603			801			947			3706			3838		
326			604			803			948			3708			3839		
327			605			806			950			3712			3840		
333			606			807			951			3713			3841		
334			608			809			954			3716			3842		
335			610			813			955			3721			3843		
336			611			814			956			3722			3844		
340			612			815			957			3726			3845		
341			613			816			958			3727			3846		
347			632			817			959			3731			3847		
349			640			818			961			3733			3848		
350			642			819			962			3740			3849		
351			644			820			963			3743			3850		
352			645			822			964			3746			3851		
353			646			823			966			3747			3852		
355			647			824			967			3750			3853		
356			648			825			970			3752			3854		
367			666			826			971			3753			3855		
368			676			827			972			3755			3856		
369			677			828			973			3756			3857		
370			680			829			975			3760			3858		
371			699			830			976			3761			3859		
372			700			831			977			3765			3860		
400			701			832			986			3766			3861		
402			702			833			987			3768			3862		
407			703			834			988			3770			3863		
413			704			838			989			3771			3864		
414			712			839			991			3772			3865		
415			718			840			992			3773			3866		

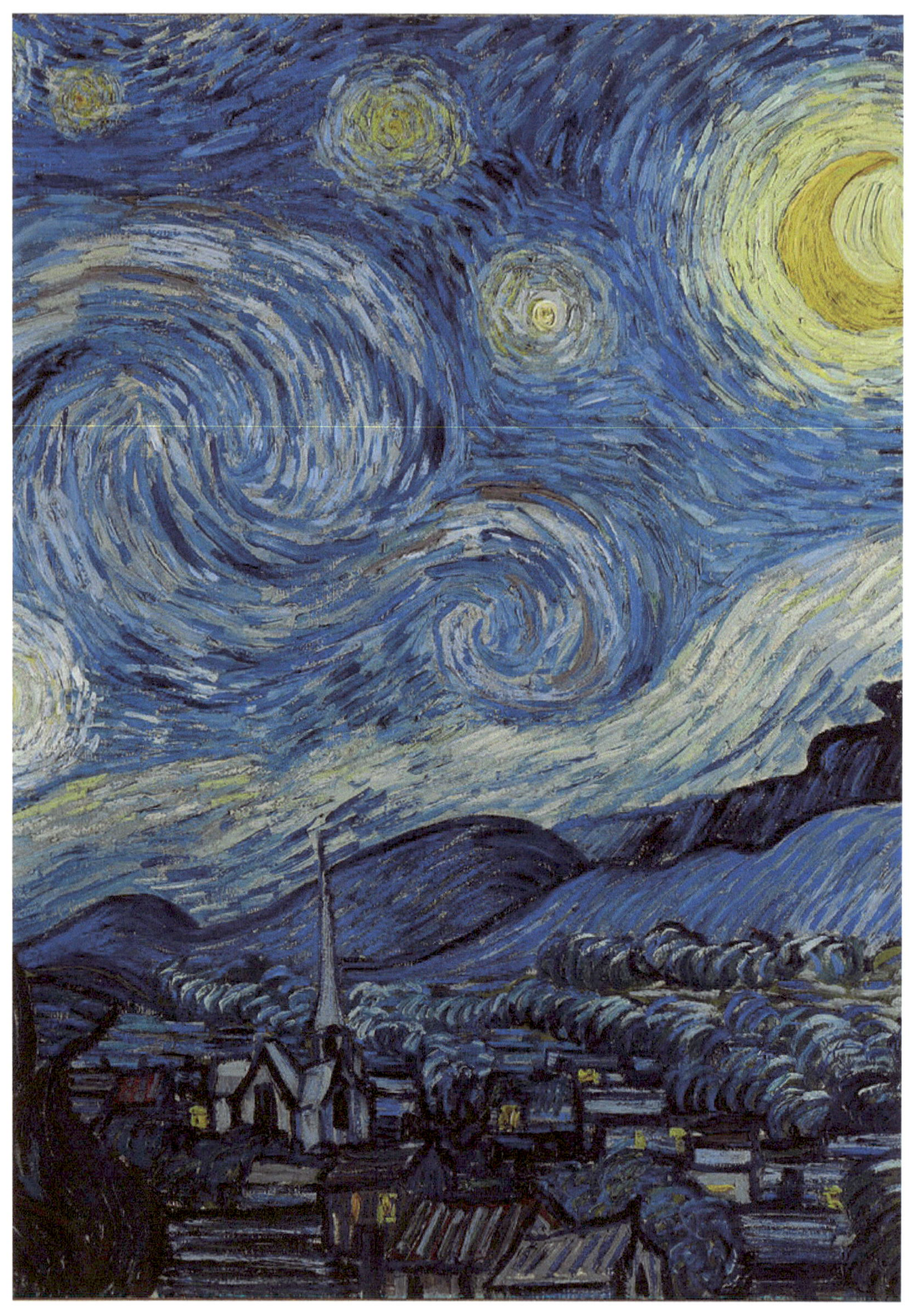

Kaart #3: VAN GOGH Kaart

DMC	Color	Drill	Name
3713			Zalm - ERG LICHT
761			Zalm - LICHT
760			Zalm
3712			Zalm - MEDIUM
3328			Zalm - DONKER
347			Zalm - ERG DONKER
353			Perzik
352			Koraal - LICHT
351			Koraal
350			Koraal - MEDIUM
349			Koraal - DONKER
817			Koraalrood - ERG DONKER
3708			Meloen - LICHT
3706			Meloen - MEDIUM
3705			Meloen - DONKER
3801			Meloen - ERG DONKER
666			Rood - FEL
321			Rood
777			Rood - DIEP
304			Rood - MEDIUM
498			Rood - DONKER
816			Granaat
815			Granaat - MEDIUM
814			Granaat - DONKER
894			Anjer - ERG LICHT
893			Anjer - LICHT
892			Anjer - MEDIUM
891			Anjer - DONKER
957			Geranium - VERBLEEKT
956			Geranium
963			Stoffig Roze - ULTRA DONKER
3716			Stoffig Roze - ERG LICHT
962			Stoffig Roze - MEDIUM
961			Stoffig Roze - DONKER
3833			Framboos - LICHT
3832			Framboos - MEDIUM
3831			Framboos - DONKER
819			Babyrose - LICHT
818			Babyroze
776			Roze - MEDIUM
3326			Roze - LICHT
899			Roze - MEDIUM
335			Roze
309			Roze - DONKER
326			Roze - ERG DONKER
3354			Stoffig Roze - LICHT

DMC	Color	Drill	Name
152			Oranjebruin - DONKER
3733			Stoffig Roze
3731			Stoffig Roze - ERG DONKER
3350			Stoffig Roze - ULTRA DONKER
3689			Mauve - LICHT
3688			Mauve - MEDIUM
3687			Mauve
3803			Mauve - DONKER
3685			Mauve - ERG DONKER
225			Lichtroze - ULTRA LICHT
224			Lichtroze - ERG LICHT
223			Lichtroze - LICHT
3722			Lichtroze - MEDIUM
3721			Lichtroze - DONKER
221			Lichtroze - ERG DONKER
778			Antique Mauve - ERG LICHT
3727			Antique Mauve - LICHT
316			Rustiek Lichtpaars - MEDIUM
3726			Antique Mauve - DONKER
315			Rustiek Lichtpaars - MEDIUM DOI
3802			Antique Mauve - ERG DONKER
902			Granaat - ERG DONKER
3042			Antique Violet - LICHT
3041			Antique Violet - MEDIUM
3740			Antique Violet - DONKER
154			Rood - ERG DONKER
3836			Druif - LICHT
3835			Druif - MEDIUM
3834			Druif - DONOKER
3806			Cyclaamroze - LICHT
3805			Cyclaamroze
3804			Cyclaamroze - DONKER
151			Roze
605			Veenbes - ERG LICHT
604			Veenbes - LICHHT
603			Veenbes
602			Veenbes - MEDIUM
601			Veenbes - DONKER
150			Rood - FEL
600			Veenbes - ERG DONKER
3609			Pluim - ULTRA LICHT
3608			Pluim - ERG LICHT
3607			Pluim - LICHT
718			Pruim
917			Pluim - MEDIUM
915			Pluim - DONKER

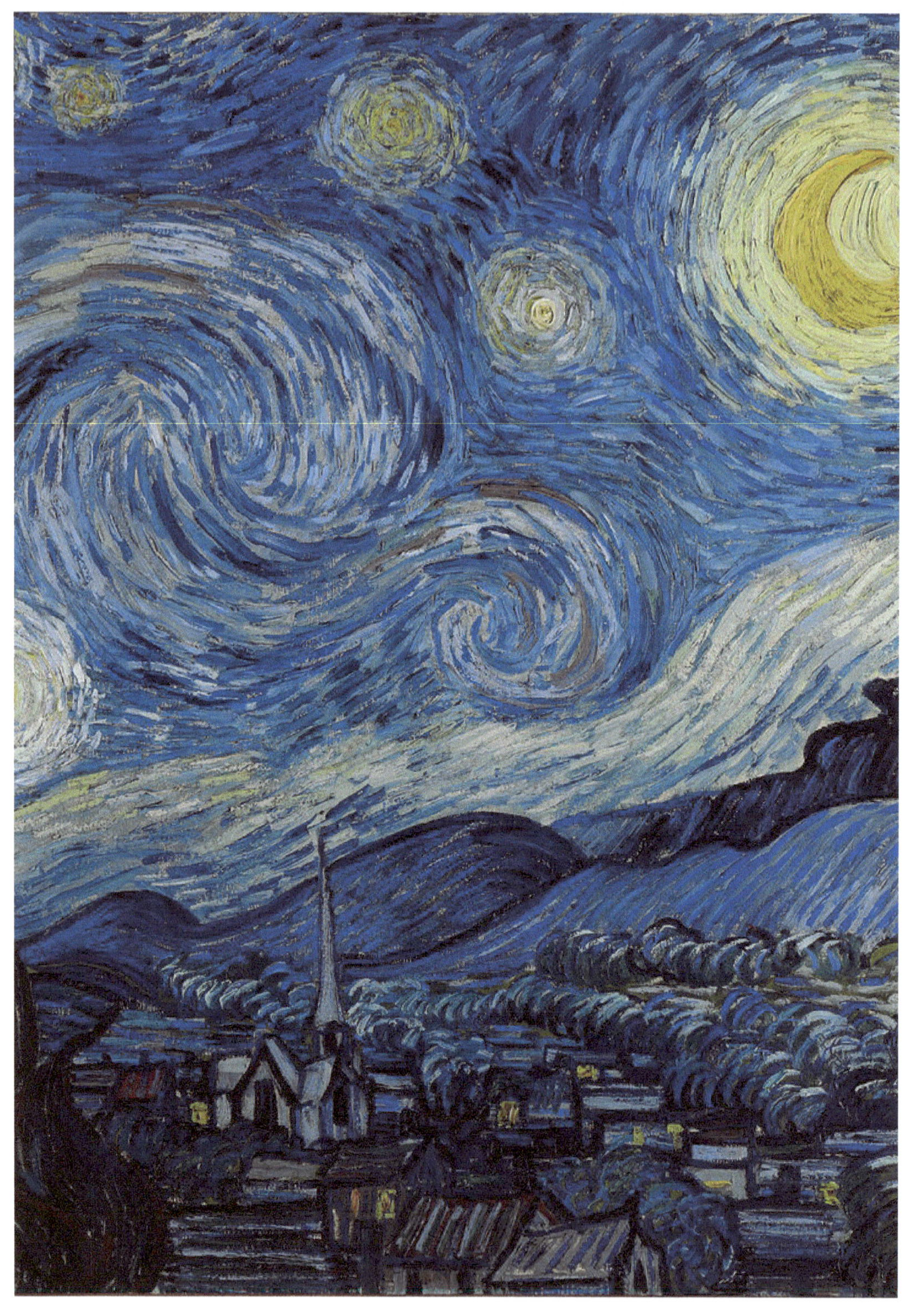

Kaart #3: VAN GOGH Kaart

DMC	Color	Drill	Name	DMC	Color	Drill	Name
554			Violet - LICHT	334			Babyblauw - MEDIUM
553			Violet	322			Babyblauw
552			Violet - MEDIUM	312			Babyblauw - ERG DONKER
550			Violet - ERG DONKER	311			Blauw - MEDIUM
153			Lila	336			Blauw
211			Lavendel - LICHT	823			Blauw - DONKER
210			Lavendel - MEDIUM	939			Blauw - ERG DONKER
209			Lavendel - DONKER	505			Grasgroen - DONKER
208			Lavendel - ERG DONKER	3753			Antique Blauw - ULTRA LICHT
3837			Lavendelblauw - ULTRA DONKER	3752			Antique Blauw - ERG DONKER
327			Violet	932			Antique Blauw - LICHT
3747			Blauwviolet - ERG LICHT	931			Antique Blauw - MEDIUM
341			Violetblauw - LICHT	930			Antique Blauw - DONKER
156			Blauw - MEDIUM	3750			Antique Blauw - ERG DONKER
155			Vergeet-me-niet Blauw	157			Blauw - LICHT
340			Violetblauw - MEDIUM	159			Petroleumblauw - LICHT
3746			Zwartbruin	160			Petroleumblauw - MEDIUM
333			Violetblauw- ERG DONKER	161			Petroleumblauw - DONKER
794			Korenbloemblauw - LICHT	996			Elektrisch Blauw - MEDIUM
793			Korenbloemblauw - MEDIUM	3843			Elektrisch Blauw
792			Korenbloemblauw - DONKER	995			Elektrisch Blauw - DONKER
791			Korenbloemblauw - ERG DONKER	3846			Fel Turquoise - LICHT
158			Blauw - DONKER	3845			Fel Turquoise - MEDIUM
803			Blauw – DIEP	3844			Fel Turquoise - DONKER
3807			Korenbloemblauw	3761			Hemelsblauw - LICHT
3840			Lavendelblauw - LICHT	519			Hemelsblauw
3839			Lavendelblauw - MEDIUM	518			Wedgewood - LICHT
3838			Lavendelblauw - ULTRA DONKER	3760			Wedgewood - MEDIUM
800			Delftsblauw - VERBLEEKT	517			Wedgewood - DONKER
809			Delftsblauw	3842			Wedgewood - DONKER
799			Delftsblauw - MEDIUM	162			Babyblauw - LICHT
798			Delftsblauw - DONKER	747			Hemelsblauw - ERG LICHT
797			Koningsblauw	3765			Pauwblauw - ERG DONKER
796			Koningsblauw - DONKER	3766			Pauwblauw - LICHT
820			Koningsblauw - ERG DONKER	807			Pauwblauw
828			Blauw - ULTRA LICHT	806			Pauwblauw - DONKER
827			Blauw - ERG LICHT	3811			Turquoise - ERG LICHT
813			Blauw - LICHT	598			Turquoie - LICHT
826			Blauw - MEDIUM	597			Turquoise
825			Blauw - DONKER	3810			Turquolse - DONKER
824			Blauw - ERG DONKER	3809			Turquoise - ERG DONKER
3756			Babyblauw	3808			Turquoise - ULTRA DONKER
775			Babyblauw - ERG LICHT	3849			Groenblauw - LICHT
3841			Babyblauw - VERBLEEKT	3848			Groenblauw - MEDIUM
3325			Babyblauw - LICHT	3847			Groenblauw - DONKER
3755			Babyblauw (?)	964			Zeegroen - LICHT

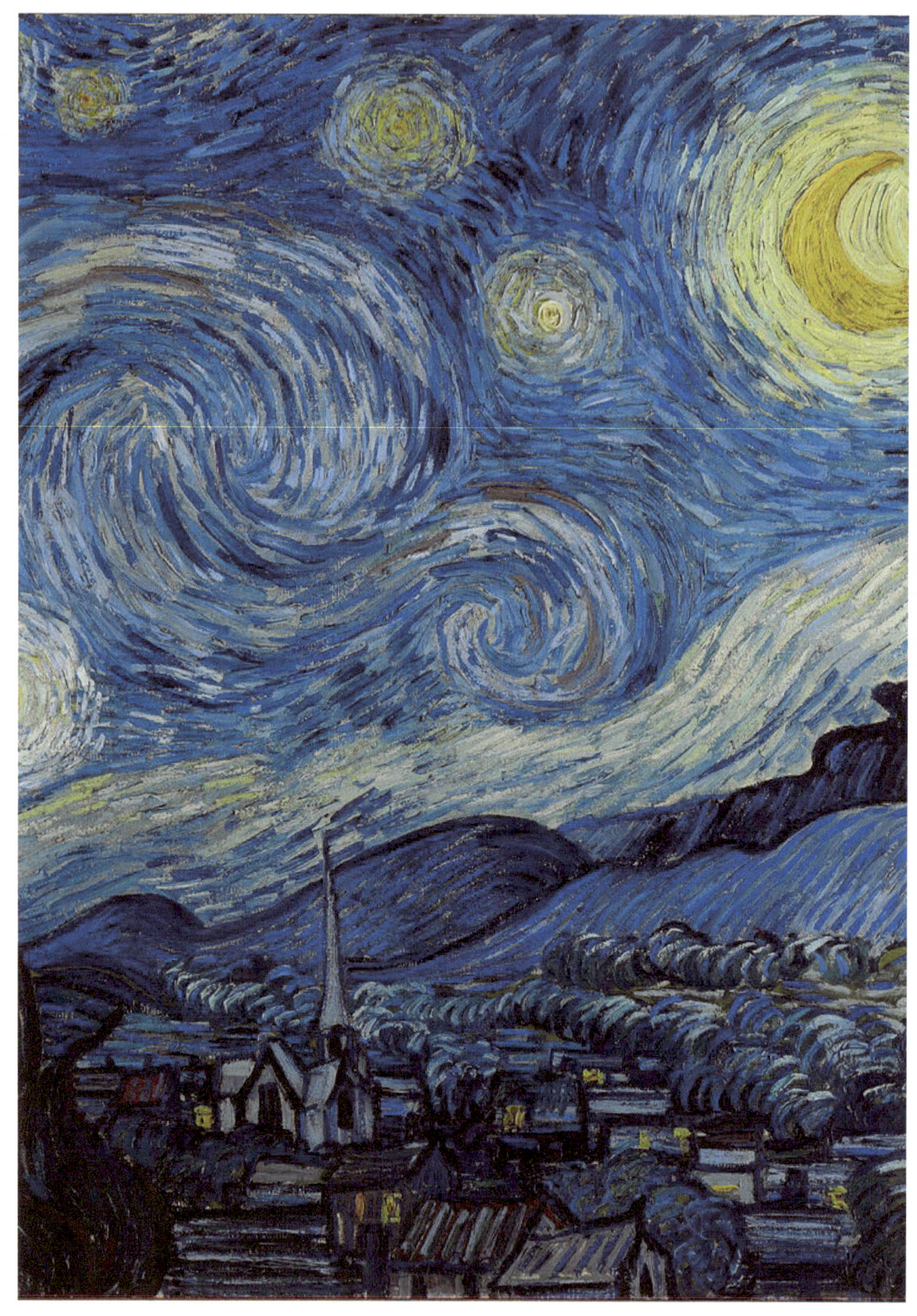

Kaart #3: VAN GOGH Kaart

DMC	Color	Drill	Name
959			Zeegroen - MEDIUM
958			Zeegroen - DONKER
3812			Zeegroen - ERG DONKER
3851			Felgroen - LICHT
943			Aquablauw - MEDIUM
3850			Felgroen - DONKER
993			Aquamarijn - ERG LICHT
992			Aquamarijn - LICHT
3814			Aquamarijn
991			Aquamarijn - DONKER
564			Jade groen - ERG LICHT
563			Jade groen - LICHT
562			Jade groen - LICHT
561			Jade groen - ERG DONKER
3817			Bleekgroen - LICHT
3816			Bleekgroen
3815			Bleekgroen - DONKER
504			Blauwgroen - ERG LICHT
3813			Blauwgroen - LICHT
503			Blauwgroen - MEDIUM
502			Blauwgroen
501			Blauwgroen DONKER
500			Blauwgroen - ERG DONKER
928			Grijsgroen - ERG LICHT
927			Grijsgroen - MEDIUM
168			Zilvergrijs
169			Tingrijs
926			Grijsgroen - MEDIUM
3768			Grijsgroen - DONKER
924			Grijsgroen - ERG DONKER
955			Nijlgroen - LICHT
954			Nijlgroen
913			Nijlgroen - MEDIUM
912			Smaragdgroen - LICHT
911			Smaragdgroen - MEDIUM
910			Smaragdgroen - DONKER
909			Smaragdgroen - ERG DONKER
3818			Smaragdgroen - ULTRA DONKER
163			Groen
164			Groen - LICHT
966			Babygroen - MEDIUM
369			Pistachegroen - ERG DONKER
368			Pistachegroen - LICHT
320			Pistachegroen - MEDIUM
367			Pistachegroen - DONKER
319			Pistachegroen - ERG DONKER

DMC	Color	Drill	Name
890			Pistachegroen - ULTRA DONKER
989			Bosgroen
988			Bosgroen - MEDIUM
987			Bosgroen - DONKER
986			Bosgroen - ERG DONKER
772			Geel-groen - ERG LICHT
3348			Geelgroen - LICHT
3347			Geelgroen - MEDIUM
3346			Jagersgroen
3345			Jagersgroen - ERG DONKER
895			Jagersgroen - ERG DONKER
704			Chartreuse Groen - FEL
703			Chartreuse Groen
702			Dennengroen
701			Groen - LICHT
700			Groen - FEL
699			Groen
907			Pagagaaigroen - LICHT
906			Papagaai Groen - MEDIUM
905			Papagaai Groen - DONKER
904			Papagaai Groen - ERG DONKER
472			Avocadogroen - ULTRA LICHT
471			Avocadogroen - ERG LICHT
470			Avocadogroen - LICHT
469			Avocadogroen
937			Avocadogroen - MEDIUM
936			Avocadogroen - ERG DONKER
935			Avocadogroen - DONKER
934			Avocadogroen - ZWART
3053			Groengrijs
3052			Groengrijs - MEDIUM
3051			Groengrijs - DONKER
524			Varengroen - ERG LICHT
523			Varengroen - LICHT
522			Varengroen
520			Varengroen - DONKER
3364			Pijngroen
3363			Pijngroen - MEDIUM
3362			Pijngroen - DONKER
165			Groen - FEL
3819			Mosgroen - LICHT
166			Limoengroen
581			Mosgroen
580			Mosgroen - DONKER
734			Olijfgroen - LICHT
733			Olijfgroen - MEDIUM

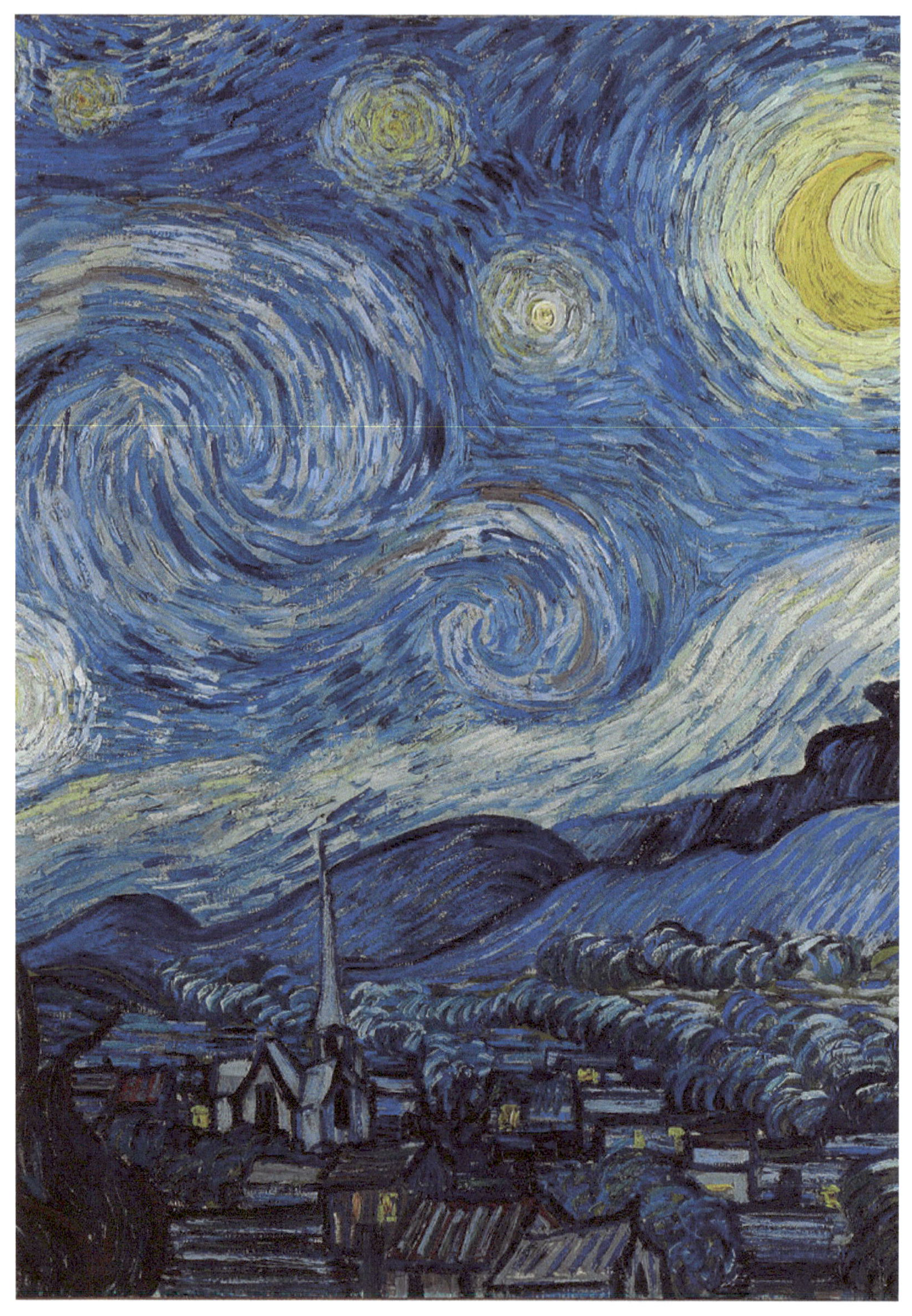

Kaart #3: VAN GOGH Kaart

DMC	Color	Drill	Name
732			Olijfgroen
731			Olijfgroen - DONKER
730			Olijfgroen - ERG DONKER
3013			Khakigroen - LICHT
3012			Khakigroen - MEDIUM
3011			Khakigroen - DONKER
372			Mosterd - LICHT
371			Mosterd
370			Mosterd - MEDIUM
834			Olijfgoud - ERG LICHT
833			Olijfgoud - LICHT
832			Olijfgoud
831			Olijfgoud - MEDIUM
167			Khakibruin
830			Olijfgoud - DONKER
829			Olijfgoud - ERG DONKER
613			Grauwbruin -ERG LICHT
612			Grauwbruin -LICHT
611			Grauwbruin
610			Grauwbruin - DONKER
3047			Geelbeige - LICHT
3046			Geelbeige - MEDIUM
3045			Geelbeige - DONKER
677			Oudgoud - ERG LICHT
422			Hazelnootbruin - LICHT
3828			Hazelnootbruin
869			Hazelnootbruin - ERG DONKER
420			Hazelnootbruin - DONKER
783			Topaas - MEDIUM
782			Topaas - DONKER
781			Topaas - ERG DONKER
780			Topaas - ULTRA LICHT
746			Gebroken wit
676			Oudgoud - LICHT
729			Oudgoud - MEDIUM
680			Oudgoud - DONKER
3829			Oudgoud - ERG DONKER
3822			Rietgroen - LICHT
3821			Rietgroen
3820			Rietgroen - DONKER
3852			Rietgroen - ERG DONKER
445			Citroen - LICHT
307			Limoen
444			Citroen - DONKER
3078			Goudgeel - ERG LICHT

DMC	Color	Drill	Name
727			Topaas - ERG LICHT
726			Topaas - LICHT
725			Topaas
3823			Geel - ULTRA VERBLEEKT
745			Geel - LICHT VERBLEEKT
744			Geel - VERBLEEKT
743			Geel - MEDIUM
728			Goudgeel
742			Oranje - LICHT
741			Oranje - MEDIUM
740			Oranje
973			Kanariegeel - FEL
972			Kanariegeel - DIEP
971			Pompoen
970			Pompoen - LICHT
947			Gebrand oranje
946			Gebrand oranje - MEDIUM
900			Gebrand oranje - DONKER
608			Oranje - FEL
606			Oranjerood - FEL
3824			Abrikoos - LICHT
3341			Abrikoos
3340			Abrikoos - MEDIUM
3825			Pompoen - VERBLEEKT
722			Oranjewijn - LICHT
721			Oranjewijn - MEDIUM
720			Oranjewijn - DONKER
922			Koper - LICHT
921			Koper
920			Koper - MEDIUM
919			Koperrood
918			Koperrood - DONKER
3770			Bruinachtig - ERG LICHT
951			Bruinachtig
945			Bruinachtig
3856			Mahoniebruin - ULTRA LICHT
402			Mahoniebruin - ERG DONKER
3776			Mahoniebruin - LICHT
301			Mahoniebruin - MEDIUM
400			Mahoniebruin - DONKER
300			Mahoniebruin - ERG DONKER
3855			Herfstgoud - LICHT
3854			Herfstgoud - MEDIUM
3853			Herfstgoud - DONKER
3827			Goudbruin - VERBLEEKT

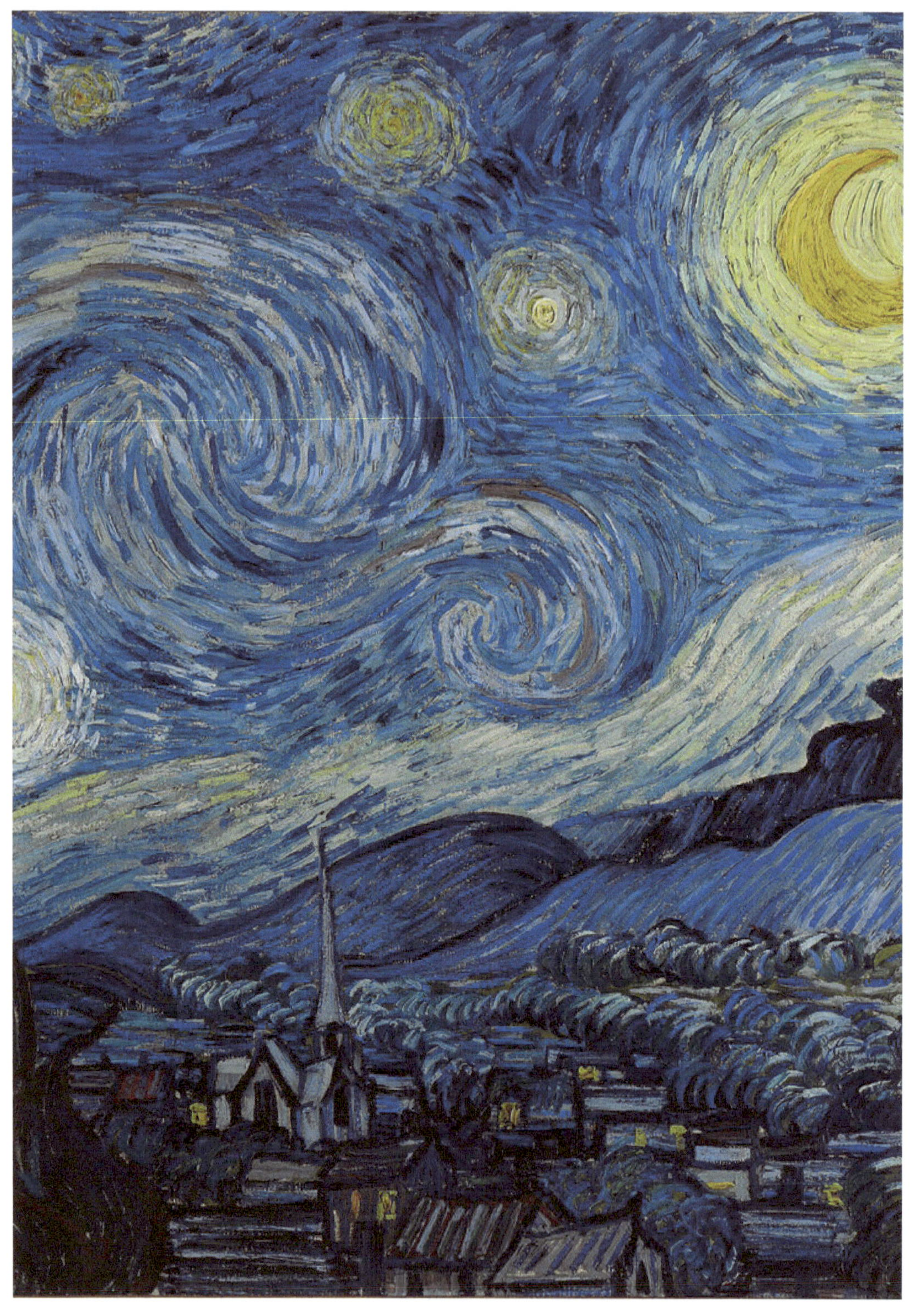

Kaart #3: VAN GOGH Kaart

DMC	Color	Drill	Name
977			Goudbruin - LICHT
976			Goudbruin - MEDIUM
3826			Goudbruin
975			Goudbruin - DONKER
948			Perzik - ERG LICHT
754			Perzik - LICHT
758			Terra Cotta - ERG LICHT
3778			Terra Cotta - LICHT
356			Terra Cotta - MEDIUM
3830			Terra Cotta
355			Terra Cotta - DONKER
3777			Terra Cotta - ERG DONKER
967			Perzik - LICHT
3779			Terra Cotta - ULTRA LICHT
3859			Rozenhout - LICHT
3858			Rozenhout - MEDIUM
3857			Rozenhout - DONKER
3774			Beigerood - ERG LICHT
950			Beigerood - LICHT
3771			Perzik - DONKER
3773			Beigerood - MEDIUM
3064			Beigerood
407			Beigerood - DONKER
3772			Beigerood - ERG DONKER
632			Beigerood - ULTRA DONKER
3743			Antique Violet - ERG LICHT
453			Schelp Grijs - LICHT
452			Schelp Grijs - MEDIUM
451			Schelp Grijs - DONKER
3861			Chocoladebruin - LICHT
3860			Chocoladebruin
712			Crème
739			Geelbruin - ULTRA LICHT
738			Geelbruin - ERG LICHT
437			Geelbruin - LICHT
436			Lichtbruin
435			Bruin - ERG LICHT
868			Hazelnootbruin
434			Bruin - LICHT
433			Bruin - MEDIUM
801			Koffiebruin – DONKER
898			Koffiebruin - ERG DONKER
938			Koffiebruin - ULTRA DONKER
3371			Zwartbruin
543			Beigebruin - ULTRA LICHT

DMC	Color	Drill	Name
3864			Mokkabruin - LICHT
3863			Mokkabeige - MEDIUM
3862			Mokkabeige - DONKER
842			Beigebruin - ERG LICHT
841			Beigebruin - LICHT
840			Beigbruin - MEDIUM
839			Beigebruin - DONKER
779			Bruin
838			Beigebruin - ERG DONKER
3790			Beigegrijs - ULTRA DONKER
3781			Mokkabruin - DONKER
3031			Mokkabruin - ERG DONKER
White			Wit
B5200			Sneeuwwit
Blanc			Wit
3865			Winterswit
Ecru			Ecru/gebroken wit
822			Grijsbeige - LICHT
644			Beigegrijs - MEDIUM
642			Beigegrijs - DONKER
640			Beigegrijs - ERG DONKER
3866			Mokkabruin - ULTRA LICHT
3033			Mokkabruin - ERG LICHT
3782			Mokkabruin - LICHT
3032			Mokkabruin - MEDIUM
3024			Bruingrijs - ERG LICHT
3023			Bruingrijs - LICHT
3022			Bruingrijs - MEDIUM
3787			Bruingrijs - DONKER
3021			Bruingrijs - ERG DONKER
3072			Bevergrijs - ERG LICHHT
648			Bevergrijs - LICHT
647			Bevergrijs - MEDIUM
646			Bevergrijs - DONKER
645			Bevergrijs - ERG DONKER
535			Asgrijs - ERG LICHT
844			Bevergrijs - ULTRA DONKER
762			Parelgrijs - ERG LICHT
415			Parelgrijs
318			Staalgrijs - LICHT
414			Staalgrijs - DONKER
317			Tingrijs
413			Tingrijs - DONKER
3799			Tingrijs - ERG DONKER
310			Zwart

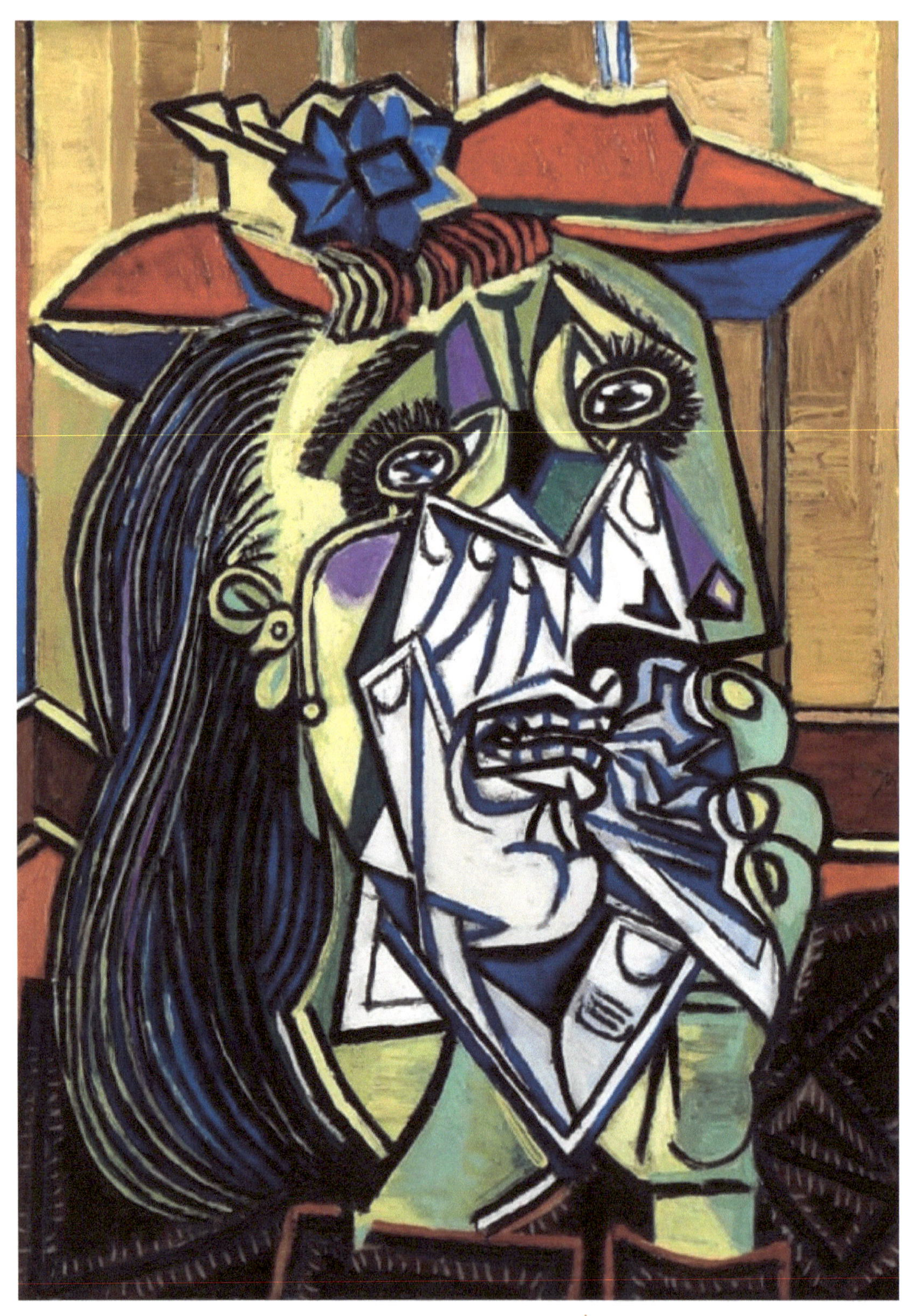

Kaart #4: PICASSO Kaart

PICASSO Kaart

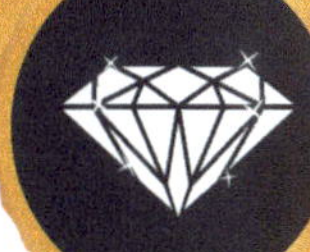

DMC	Color	Drill	DMC	Color	Drill	DMC	Color	Drill	DMC	Color	Drill	DMC	Color	Drill	DMC	Color	Drill
3713			3805			157			367			783			3859		
761			3804			159			319			782			3858		
760			151			160			890			781			3857		
3712			605			161			989			780			3774		
3328			604			996			988			746			950		
347			603			3843			987			676			3771		
353			602			995			986			729			3773		
352			601			3846			772			680			3064		
351			150			3845			3348			3829			407		
350			600			3844			3347			3822			3772		
349			3609			3761			3346			3821			632		
817			3608			519			3345			3820			3743		
3708			3607			518			895			3852			453		
3706			718			3760			704			445			452		
3705			917			517			703			307			451		
3801			915			3842			702			444			3861		
666			554			162			701			3078			3860		
321			553			747			700			727			712		
777			552			3765			699			726			739		
304			550			3766			907			725			738		
498			153			807			906			3823			437		
816			211			806			905			745			436		
815			210			3811			904			744			435		
814			209			598			472			743			868		
894			208			597			471			728			434		
893			3837			3810			470			742			433		
892			327			3809			469			741			801		
891			3747			3808			937			740			898		
957			341			3849			936			973			938		
956			156			3848			935			972			3371		
963			155			3847			934			971			543		
3716			340			964			3053			970			3864		
962			3746			959			3052			947			3863		
961			333			958			3051			946			3862		
3833			794			3812			524			900			842		
3832			793			3851			523			608			841		
3831			792			943			522			606			840		
819			791			3850			520			3824			839		
818			158			993			3364			3341			779		
776			803			992			3363			3340			838		
3326			3807			3814			3362			3825			3790		
899			3840			991			165			722			3781		
335			3839			564			3819			721			3031		
309			3838			563			166			720			White		
326			800			562			581			922			B5200		
3354			809			561			580			921			Blanc		
152			799			3817			734			920			3865		
3733			798			3816			733			919			Ecru		
3731			797			3815			732			918			822		
3350			796			504			731			3770			644		
3689			820			3813			730			951			642		
3688			828			503			3013			945			640		
3687			827			502			3012			3856			3866		
3803			813			501			3011			402			3033		
3685			826			500			372			3776			3782		
225			825			928			371			301			3032		
224			824			927			370			400			3024		
223			3756			168			834			300			3023		
3722			775			169			833			3855			3022		
3721			3841			926			832			3854			3787		
221			3325			3768			831			3853			3021		
778			3755			924			167			3827			3072		
3727			334			955			830			977			648		
316			322			954			829			976			647		
3726			312			913			613			3826			646		
315			311			912			612			975			645		
3802			336			911			611			948			535		
902			823			910			610			754			844		
3042			939			909			3047			758			762		
3041			505			3818			3046			3778			415		
3740			3753			163			3045			356			318		
154			3752			164			677			3830			414		
3836			932			966			422			355			317		
3835			931			369			3828			3777			413		
3834			930			368			869			967			3799		
3806			3750			320			420			3779			310